JN438078

여명의 태양

정학산 제3시집

을지출판공사

Contents

차례

제 1 부 행복한 어느 노인

Contents

제 2 부 내 인생 정면 돌파

Contents

제 3 부 돌콩삼촌

Contents

제 4 부 시인의 길

Contents

제 5 부 기도 소리

Contents

제 6 부 위대한 인공위성

제 1 부

행복한 어느 노인

칠순 노인이 꼬부랑 비탈길을
뚜벅 뚜벅 뚜벅 절룩거리고
빙긋이 미소 지으며 걸어갑니다.

행복한 어느 노인

매섭게 차가운 어느 겨울밤
하얀 나비가 날갯짓한 듯
사뿐 사뿐히 눈 내리는 한밤중

칠순 노인이 꼬부랑 비탈길을
뚜벅 뚜벅 뚜벅 절룩거리고
빙긋이 미소 지으며 걸어갑니다.

자식에게 빚진 마음이 너무 많았는데
칠순 넘은 나이에 이제서야!
조금이라도 갚을 수 있겠노라고……

무슨 좋은 일이 생겼는지
흥얼흥얼 혼자 중얼거리며
꼬부랑 비탈길을 걸어갑니다.

—2015년 1월, 눈 내리는 어느 겨울밤

■ 신인상 당선 시(월간 문예사조 2015년 3월)

행복한 삶의 겸허한 목소리

정학산의 시는 진솔하고 겸허하다.

내용도 없이 빈말로 겸손을 가장한 것이 아니라, 멀고도 깊은 삶의 의미가 담긴 묘비명(墓碑銘) 같은 시로 읽힌다. 시간적으로 길고, 속내가 깊은 마음의 공간에서 오랜 기간 삭히고 우려낸 진국의 언어다.

시를 만들겠다고, 억지를 부린 흔적도 없고, 자기 감정에 도취되어 이미지도 없는 관념적인 추상성에도, 경도되지 않는 진솔한 자기의 목소리가 생생하게 울려온다.

…… 중략(中略) ……

4연, 흥얼흥얼 혼자 중얼거리며/ 꼬부랑 비탈길을 걸어가는/ 행복한 노인으로 읽혀지는 것이다.

정학선 신인의 시는 매끄러운 숙련성(熟練性)보다는 고해싱사 같은 진솔성이 돋보여서, 특히 개성저이다.

이 신인은 이와 같은 자신의 장점을 잘 살려나간다면 더 좋은 시인으로 발전할 수 있으리라 믿는다.

당선을 축하하면서, 좋은 시인으로 대성하기 바란다.

〈심사위원 : 김성열. 최양희〉

■ 처녀시집 〈행복한 어느 노인〉을 펴내면서

제 재산목록 제1호는 '신념 365일'

저의 마지막 일생을 보람으로 장식하기 위하여
제 생애에 최고의 그윽한 향초를 피우기 위하여
온 세상에 메아리치는 함성의 시문을 펴내기 위하여
저는 조심스럽게 저의 첫 시집을 내놓게 되었습니다.

이 얼마나 초조하고도 망설여지는 일이었던지
그러나 저는 이번에 제 육신과 영혼을 다 바치는
저의 인생에 최고의 결정판이기에 결론을 내렸습니다.

제 재산목록 제1호는 "신념 365일"이었기에 가능했고
두 번째는 인내의 "도전정신"이기에 실천으로 옮겼으며
세 번째는 평생소원 이루는 "시인의 길"이었기 때문입니다.

2015년 3월

마음속의 색상들

암흑 속에 어두운 색이 있었고
이글이글 지옥에 타는 빛도 있었고
좌절에 헤매었던 희뿌연 안개 색상과
아침에 찬란한 무지개 색도 있었는데

그러한 역경 속에 잠재하고 있던
가지각색들이 조화를 이뤄 내며
잔잔히 비춰질 줄 상상도 못했던 일

지금은 따뜻한 은빛물결 타고 와
향기와 봄기운이 함께 어우러져
나의 가슴속 깊이 스며들었습니다.

어머니께 바칠 선물

어린 아들 하나 남겨 두고
훌쩍 하늘로 떠나신 어머님
자식이 보석보다도 더 귀한
더 좋은 선물을 마련합니다

칠십여 년 머나먼 천국에서
외롭게 홀로 사시는 어머니
너무도 보고 싶고 한스러워
불효자가 귀한 선물 준비합니다

어머니의 깊은 상처 아물게 할
내 가슴속 진정한 시를 지어서
어머니의 영전 앞에 바치렵니다.

=어머님께 바칠 시집을 출간하기에 앞서=

황홀경에 도달하니

형형색색 생각의 그림 그리며
고운 작시에 멋진 곡을 붙이는
위풍스러운 시인이 되고 싶었지

이 세상 저 세상 흘러 보내면서
좋은 글 짓는 글방을 찾아
여기저기 기웃기웃 귀동냥 했었지

서당 개 삼 년이면 풍월 읊는다고
이제야 해냈구나! 흐뭇한 마음
예술의 경지 속에 빨려 들어가
황홀경에 도달하니 너무 좋았지.

불행했던 어린 소년

동해에서 끓어오르는 용광로 밖으로
광열을 뿜으며 솟아오른 태양 앞에
오오! 눈부신 행운의 여신이여! 하고
하늘 높이 온 세상을 향하여 외쳐 볼 즈음
어느 소년은 가슴 아픈 일이 생겼습니다

소년은 보석 같은 마음을 어디에 숨겨 두고
갯마을 산등선 초라한 판잣집 창문을 열며
아아! 바다는 악마의 바다! 마귀의 바다!
저 바다는 오늘도 배 한 척 삼켜 버렸다고!
어부의 가족은 바다를 원망하며 통곡합니다

오오! 악마의 바다! 마귀의 바다여!
슬픈 소년은 이렇게 외쳐 보면서
길고 긴 세월을 눈물로 흘러 다닙니다

이슬처럼 맺힌 눈물의 소년은
끝없는 고독만 있을 줄 알았는데
멀고 먼 세월이 흘러간 이후에
포근한 봄이 올 줄은 몰랐습니다

큰 나무 덕은 못 보아도
큰 인물의 덕은 입는다는 옛말처럼
소인(小人)에게도 대인(大人)을 만나면서
불행했던 어린 소년의 마음속에
악마처럼 회오리치던 폭풍이 지나가고
이제는 따뜻한 봄이 오니 너무 행복합니다.

활화산처럼

1)
기암괴석을 자랑하는 봉우리
세계 산악인들이 모두 정복하고자
도전하다가 좌절하고 포기하고 마는
그런 높은 산속에 들어 있는 불덩어리

2)
끓어오르는 속내를 분출하고자
수천수만 년을 참고 견뎌 온 활화산
부글부글 끓고 있는 산속의 한 덩어리
용솟음치고 있는 것을 그 누가 알리오

3)
70여 년의 긴 세월을 참아 오면서
한평생 소원이던 시인으로 태어나니
부글부글 끓고 있는 가슴의 불덩이
이제서나마 화산처럼 분출하리오

4)
슬프고도 애달프던 불행한 운명
아름다운 시어에 곡을 붙여서
세상천지 모든 사람들 가슴속에
화인처럼 박혀 있는 시를 쓰리오

5)
하늘에 계신 어머님께 용서 빌면서
〈신념 356일〉 마지막 정성을 쏟아
마침내 때가 되어 분출하는 불처럼
하늘 높이 용솟음치는 시를 쓰리오.

지옥과 천국을 (3)

–제3의 인생

그런대로 한 세상 지내 오면서
새로운 기적이 일어났는데
소년처럼 부풀던 노인에게
행운의 여신을 만났습니다

여신은 다름 아닌 지성을 갖춘
유명하고 귀한 시인이었는데
새로운 생명이나 다름없는
제3의 인생길의 등불입니다

지옥과 천당을 오가던 내가
아름다운 산야의 꽃님이 되어
철 따라 피고 지는 꽃과 나무로
못다 한 여한을 풀어 가면서
새로운 희망의 길로 올랐습니다.

이상해진 내 자신

요즈음 부인 하는 말이
남들은 당신한테
이상해졌다!고 말하는데

그런 당신도 나를 보며
그런 생각해 봤냐?고 되물으니
정말 그렇다!고 끄덕였는데

틀림없이 내가 나를 봐도
귀한 시인이 된 후부터
창작에만 몰두하다 보니
정말 내가 이상해진 것 같다오.

애태우던 청춘

내 인생 활기찬 청춘 시절에
찬란하게 비춰 오는 여인 만나

밝은 모습 스스로 돋보이면서
기다리고 기다리며 더 기다리는

보고 또 보아도 더 보고 싶은
만나고 또 만나도 더 만나고 싶어

설렌 마음 더 많이 채워 가면서
야릇한 느낌으로 애태우던 내 청춘.

시인이 으뜸

달처럼 아름다운
대상을 보았을 때
상상 속의 여인상
그땐 장님이었는데

하지만 세월 지난 지금
나의 진정한 대상은
시인이 으뜸이라고!
새로운 생각을 하게 되었지.

남은 여생 열심히

나의 공장에 찾아오는
여러 손님들이 묻는다

여보시오! 시인 선생님!
얼마나 사시려고
그토록 밤낮없이
열심히 일하시오? 선생님!

그러나 나는 서슴없이
같은 말로 당당하게 되묻는다

여보시오, 젊은 양반!
이 시대에 최고학부 나와서
빈둥빈둥 편한 직장 찾아다니며
허세 떠는 모양새보다 좋지 않소?

이 노인도 지금 할 일 많은데
좋은 일만 찾지 말고 부지런하면
나보다 훨씬 좋은 자리에 가지 않소?

이 노인은 일할 젊은이가 없어서
젊은 사람들 대신 뜬눈으로 밤을 지새며
남은 여생 열심히 일하고 있지 않소?

소중한 나의 손녀

지금까지 살면서
가슴속에 숨어 있는
최고의 내 소원은

그것은 바로
소중한 나의 손녀
행복하게 지켜 주고 싶은 것.

제 2 부

내 인생 정면 돌파

고비고비 한 맺힌 나의 운명
두 번째 빛나는 세상 향하여
내 인생 정면 돌파에 촛불 밝힙니다.

■ 〈내 인생 정면 돌파〉에서

시인의 말

하느님께 드리는 말씀
세상 모든 만물을 창조하신 하느님께서
저에게 긴 고통바다를 걸으라 하셨음을
진작 알아차리지 못한 이 못난 죄인은
노인이 된 후에야 조금씩 깨닫게 됐는데
그동안 하느님 원망했던 일을 후회하면서
하느님! 이 죄인을 용서하소서! 하고 빕니다.
아 멘!

여러분들께 드리는 말씀
저는 지금 막 성공의 문 앞에 섰는데
그동안 너무 어둔 길에서 벗어나면서
이젠 나의 공장에 수많은 일감이 몰려
밤낮 가리지 않고 일하는 그 즐거움과
그리고 어릴 때부터 평생 꿈을 꾸면서
내 인생 최고 으뜸인 시인의 길을 가며
부족하나마 '두 번째 시집' 을 엮어
〈내 인생 정면 돌파〉를 출간합니다.

■ 서문

자신의 시심을 시로 승화시킨 인간 승리자

–정학산 시인의 두 번째 시집을 축하하며

1. 타고난 초능력을 시상으로 불태운 시성

정학산 시인은 작년 〈행복한 어느 노인〉이란 처녀시집 출간에 이어, 이번에도 정말 멋지게 〈내 인생 정면 돌파〉라는 두 번째 시집을 출간한다.

정말 대단한 열정이었다. 무에서 유를 창조해 낸 시인, 타고난 초능력을 시상으로 불태운 시성이다. 이 얼마나 자랑스럽고도 위대한 인간 승리자인가.

정학산 시인의 삶과 영혼이 빛나는 시를 우리 모두 다 함께 이해하고자 하는 마음으로 필자는 붓을 잡는다.

내 인생 정면 돌파 (全文)

본인의 나이는 74세
기구한 나의 인생사를
조심스레 풀어내기로 결심합니다

각박한 현실과 사회는
여러모로 복잡하고 힘들지만
허나 나는 강한 정신력 소유잡니다

괴팍한 성격 탓도 있지만
후세의 모든 독자를 위하여
글 쓰는데 온갖 시상에 몰입합니다

고비고비 한 맺힌 나의 운명
두 번째 빛나는 세상 향하여
내 인생 정면 돌파에 촛불 밝힙니다.

그렇다. 그러니까 '내 인생 정면 돌파' 위 시는 시인의 인생관 그대로 이야기했음을 우리는 쉽게 이해할 수 있을 것이다.

위 시처럼 시인의 운명 그 자체가 고비고비 한 맺힌 운명이었기에 기암절벽에서도 떨어지지 않고 다시 도전한 정신력, 그는 정말 지옥과 천국 사이를 넘나드는 숙명적인 시인이었다.

2. 새로운 길을 열어 가고 있는 시인!

천둥소리 (一部)

사정없이 아린 나의 심장을
뼛속까지 파고들다가

운명 앞에 불복하면서
우리 아들 비극으로 끝났다네.

정학산 시인은 부잣집 아버지의 첩인 어머니와 일찍 사별하는 날부터 불행이 시작됐다는데, 그는 또 한 번 주체할 수 없는 엄청난 암흑세계가 시인을 덮쳐버린다.

천둥소리 (1~6)의 시를 보더라도 어느 정도는 짐작할 수 있다. 하여간 아들 잃은 아픔을 시에서 말해 주고 있는 것이다.

하늘이 갈라지고, 땅이 무너지고, 천지가 진동하는, 부모의 피맺힌 절규! 그것을 시로 토해 냈다고 본다.

3. 인생 정면 돌파

자빠지면 또 어떠랴! (全文)

늙었으면 어떠랴
야밤이면 어떠랴
새벽닭 울면 어떠랴

아무도 하지 않는
특별한 나의 길
끝까지 달려가다가

자빠지면 또 어떠랴!

내가 가는 이 길은
즐거움 그 자체인데.

사람들이 살아가는 데는 여러 갈래 길이 있다.
빗길, 바른길, 터널길, 뱃길, 지옥길, 행복길 등등……

'아무도 하지 않는, 특별한 나의 길, 끝까지 달려가다가' 마지막 절규에서는, '자빠지면 또 어떠랴!' 하고 이렇게 '자신의 길' 시에서도 시인의 에너지를 재발견하게 된다.

시인의 기막힌 팔자, 우여곡절을 잘 넘기면서 다시 오뚝이 인생처럼 "내 인생 정면 돌파"로 새로운 길을 열어 가고 있는 시인이다.

…… 하략(下略) ……

(사)한내문학 이사장 최양희

자빠지면 또 어떠랴!

늙었으면 어떠랴
야밤이면 어떠랴
새벽닭 울면 어떠랴

아무도 하지 않는
특별한 나의 길
끝까지 달려가다가

자빠지면 또 어떠랴!
내가 가는 이 길은
즐거움 그 자체인데.

* 처녀시집 〈행복한 어느 노인〉을 2015년 6월 출간한 이후 두 번째 시집 〈내 인생 정면 돌파〉 출간을 위한 집념에 나는 내 인생 전부를 쏟아 붓는다. (2016. 5. 21)

나의 별은 먼 하늘로 (1)

내 영혼과 육신
아니 내 모든 것들이
떠나 버리던 그날

높고 높았던
파란 하늘의 별빛과
둥실 떠 있는 달도 보았는데

어인 일인지
모든 별과 하늘까지도
노오란 색깔로 변해 버렸는데

세상 모든 것들이
이렇게도 쉽게
변해 버릴 줄이야.

=아들을 하늘나라로 보내고=

나의 별은 먼 하늘로 (2)

지구 속이 비좁아서
우주 속에 날아가 버린
나의 별은 먼 하늘로 떠나갔으니

인정사정 보지 않고
온 가족에게 멍에만 남겨 놓은 채
너 혼자 넓은 하늘 속으로
영원히 편안하려고 떠나갔으니

그곳에서 편안히 잘 살거라!
너 보고 싶은 마음 생겨나면
먼 하늘 바라보며 눈물 지으리…….

매미의 울음 (1)

울적한 마음 잔뜩 안은 채
열심히 일하는 이 노인에게
무섭도록 무덥던 더위 지나가며
모든 이들을 넉넉히 살찌우는 계절

한 많은 이 노인의 작업장 앞에
구슬프게 울어 대는 매미 두 마리
애통하게 슬픈 마음 안겨 주면서
맴맴 내 마음 대신하여 울고 있구나.

매미의 울음 (2)

아리하게 찾아오는 가을 손님
매미의 울음소리 너무 아려서
달래며 울지 마라 할 수도 없네

자연에서 어우러진 매미의 울음
내 가슴이 아파와도 참다 보면
가지 말라 애원해도 떠나가겠지.

천둥소리 (1)

현실에서 꿈속으로
불행에서 기적으로
행복에서 불운으로

감격의 전율 속에
즐거운 환희 속에
천지가 무너지며
지옥에 타는 심정

마지막 들려오는
우렁찬 고함 소리
쌍용의 푸른 눈빛
터질 듯한 고함 소리.

천둥소리 (2)

많고 많은 인생길 걸어오면서
언젠가는 좋은 길 있을 줄 알고
열심히 기를 쓰며 살다 보니
행복이란 문지방에 들어섰는데

너무나 서글픈 일 닥치고 보니
불쌍한 나의 운명의 여신 앞에
자식의 영전 앞에 고함칩니다

부모 잘못 만난 내 아들
못난 이 아비 찾아와서
남들처럼 잘살아 보자고
그토록 기 쓰며 일하던 내 아들아!

밝은 세상이 이제 막 찾아올 즈음
너의 처자식 어쩌라고 그냥 간단 말이냐?

천둥소리 (3)

불행했던 젊은 시절에도
나에게는 특별한 결심이 있었고

열심히 살려고 발버둥 치는
땅 짚고 일어서는 용기도 있었는데

아비 잘못 만난 아들 모습은
항시 잔뜩 흐린 하늘이었고

이 아비가 너무 원망스러운지
큰 우박 섞인 빗물이 되어

사정없이 아린 나의 심장을
뼛속까지 파고들다가

운명 앞에 불복하면서
우리 아들 비극으로 끝났다네.

늙어 버린 독수리

높은 산 절벽에
둥지 틀어 사는
늙어 버린 독수리

눈빛이 흐릿해지고
부리도 무뚝해지고
발톱도 비뚤어지게
변해 버린 독수리

그러나 구애 안 받고
절벽에 찰싹 붙어서
수명대로 날개 치면서
지혜롭게 사는 독수리.

노인의 모습 (1)

석양에 비춰지는
이 노인의 모습
아리게 비치는데

진주처럼 찬란한
밝고 준엄한 모습
빛나는 나의 모습.

노인의 모습 (2)

늙어서도 좋아요
일 많아서 좋아요
귀한 스승님이 좋아요

유명한 관광 명소
대천바다가 좋으며
서해천막공사에
수많은 일들이 좋아요

나의 앞날에 분명
인간 승자가 될 것
생각만 해도 나는
더욱 더 좋아요.

백전노장

여보게 친우야!
백전노장이란 그 말
들어 보신 적 있는가

자네 말일세
내가 바로 백전노장
내가 바로 그런 사람일세

과거에 실패하여
모든 것이 끝났다고
문 닫고 좌절했었지만

그러나 내 팔자는
할 일이 너무 많아
다시금 정신 차리고
다시 솟는 백전노장일세.

새날을 위한 시간

새날을 밝혀 주는
태양도 있고
하루를 끝마치려는
석양도 있듯

인간 세상 사는 곳에
희망과 좌절이
공존한다는 사실을
우리 모두가 아는 사실

슬픈 사연 있으면
기쁨도 따라오는데
괴로운 사연 멀리 하면서
새날을 위한 시간에 충실해야지.

사계절 색상들

봄이 오면
온 만물이 요동치며
파란 새싹들 세상이며

여름이 오면
온 계곡과 바닷가에
남녀노소가 옷 벗은 모습

가을이 오면
누군가가 그려 놓은
붉은 색상들이 물결치면서

겨울이 오면
또 새봄을 기다리며
하얀 눈길에 서성이는 사람들.

나의 인생

살기 좋은 지상에
인간으로 태어나서
곡예 속에 비행하며
나름대로 살아온 인간사

나에게 특별한
비운으로 헤매면서
둘레둘레 기우뚱
지친 듯이 살고 있지만

하지만 나의 인생
구슬 같은 정면 돌파
만인들의 기립 박수
그때는 천지가 요동치겠지.

제 **3** 부

돌콩삼촌

그 돌콩삼촌 아니었다면
바로 나의 시집 유명 시와
밤새워 글 쓰며 함박웃음 웃겠는가.

돌콩삼촌 (1)

그 어느 날
별난 막냇삼촌은
군에 갔다 탈영하여
우리 집 '묵호' 로 찾아오셨네

군에 자원입대하여
키가 너무 작아서
총에 끌려 다니던 돌콩삼촌
도저히 못 견디고 도망쳤네

우리 아버지께 울며불며
형님 가족 위해 재기의 꿈
목숨 다 바치겠다는 삼촌의
그 맹세를 나는 듣고 보았네.

돌콩삼촌 (2)

아버지 부자이실 적에
막냇동생(돌콩삼촌)을 위해
기술 가르쳐 줄 것을 당부하며
술도 사고 뇌물도 많이 쓰고

아버지가 삼촌 미래 걱정 끝에
돌콩삼촌 양복점 기술 배우며
양복점 사장에게 기계 사 주고
돈 물어 주고 술 받아 드리고

아버지께 삼촌 하시는 말씀
우리가 살고 있는 묵호시장 바닥에
틀일하는 틀 기계 종류 15종
일명 발틀 미싱 한 대만 시장통에
틀 바느질하면은 우리 가족 식생활은
책임지신다는 돌콩삼촌의
말씀에 동의하신 아버지.

돌콩삼촌 (3)

15종 미싱 틀을 빌려가지고
삼촌은 열심히 일을 하셨고
나는 새벽부터 일찍 일어나
삼촌 보조 미싱 기술 6개월 정도
일감이 너무 밀려 물밀듯
줄 선듯 밀려오는데
그때부터 돌콩삼촌 술집으로
술집에서 매일매일 술 먹고.

돌콩삼촌 (4)

노점에서 삼촌 시키는 대로
지옥의 길이 시작되는데

그때가 16살 나를 남겨 두고
보따리 챙겨서 사라져 버리자

삼촌 없이 나 혼자 시작된 일이
지금 나의 본 직업과정이었다.

돌콩삼촌 (5)

그 돌콩삼촌 아니었다면
지금 이 고목 이 길이
어떻게 기술자 발전할 수 있었으며

그 돌콩삼촌 아니었다면
바로 나의 시집 유명 시와
밤새워 글 쓰며 함박웃음 웃겠는가.

흰돌성결교회

여기는 관광명소인 대천항구
여기에 뱃고동소리 울려오는
우리 교회에 모여드는 신도들

목회자님 설교하는 그 진리가
내 가슴속에 속속 스며오는데
점심때면 성도님들의 음식솜씨

어릴 때 맛있게 먹던 그 맛과
목사님의 열정 어린 그 설교가
함께 어우러진 흰돌성결교회.

–2018년 11월 20일 흰돌성결교회에서

선장

태양을 정복하고자
공들여 만든 특수선

칠십여 년간 훈련되어 온
조종사와 선장을 승선시켜

아득한 우주를 향해
발사한 지 몇십 년이 지났지

험난한 대기권에 통과 중에
젊은 조종사를 잃어버리고

선장인 본인이 힘을 다하여
지구를 벗어난 지 칠십육 년

대기권과 별나라를 벗어나며
태양을 향하여 힘차게 전진

오로지 꿋꿋한 시간과의 싸움
앞으로 백년이면 도착하겠지.

자칭 달인

여보시오 이웃사촌
궁금한 사연 있어
질문 하나 던지겠소

오랜 세월 사회경험
단호 결정 깊은 생각
남을 위해 무얼 했었소

이제 늙은 노인이지만
본인이 직접 봉제 하면서
소비한 실을 생각해 봤소

그 실 길이를 계산해 보니
지구 열 바퀴나 돌 정도의
엄청난 그 실들을 소비했다오

그러하니 이웃사촌들
이것이 내가 살아가는 길이고
이것이 바로 자칭 달인이잖소.

미로

미로는 아무도 모르리
미로의 그 길을

밤하늘에 반짝이는 수많은 별
별 같은 나의 인생길을

그 길 얼마나 헤매고
기웃거리며 찾아왔던가

끝없는 미로의 그 길
끝까지 찾아가 보리라

영원히 끝날
그날은 없을 테지만…….

어느 봄날

연둣빛 새순이 움트는
미약한 그 느낌의 소리
청춘도 중년도 지나쳐 버린
이 노인이 흥얼거리는 넋두리 속

아주 먼 옛날 청춘 시절
불타듯 펄펄 끓어오르듯
그 열정과 그 사랑
그 아름다운 멜로디는
안개처럼 사라져 버렸지만

구슬픈 세월의 뒤안길에서
사방으로 아름답게 퍼지는데
한 번 더 다가가 보는
그 애증의 향수에 젖어
잠시 취해 보고 싶은 어느 봄날.

오뚝이 인생

넘어지면 또다시
일어서는 오뚝이 인생
수없이 반복하며 살아왔었지

이번에도 확실히
버티어 낼 줄 알았는데
완전히 넘어져 침몰되었지

그러나 이 노인 오뚝이 숙명
또다시 땅 짚고 우뚝 서서
천하를 호령하는 노인 되겠지.

나의 모습

불가능한 현실 속에
희망이 솟구쳐 오르는
용맹스러운 나의 모습

혈기에 찬 청년들의
승승장구하는 모습과
너무 닮은 노인의 모습

어디서 어떻게
폭포처럼 쏟아져 나오는지
오오! 활기찬 나의 모습.

주님을 향한 이 마음

왠지 오늘은 기분 좋은 날
아침부터 까치가 까악 울어 대더니
하느님의 음성인 듯 천사의 노래인 듯
무엇인가 희소식 전해 올 듯한 그 느낌

왠지 오늘은 기분 좋은 날
아아! 이상한 전율의 풍금 소리
영원한 주님은혜 누리게 하는
은은하게 들려오는 신기한 그 소리

왠지 오늘은 기분 좋은 날
언덕길 내리막길 내려오는데
주님께서 함박눈 펑펑 내려 주시는
흰돌교회 주님사랑 쌓여만 가네.

향나무 고목

울릉도 절경을 바라보니
가파른 외딴섬 절벽 위에
붓끝으로 휘어감은 향나무 고목

찬란한 동쪽바다 멀리 저 멀리
오랜 세월 모진 풍파 참고 견디며
붉은 태양 정기 받은 향나무 고목

드넓은 세상 온 천지 향하여
은근한 향 내음 그득히 풍겨 내는
한 폭의 그림인 듯한 향나무 고목.

낚싯대

빼곡히 들어선 대나무 숲 속
마디마디 짧고 오래 묵은
대나무 찾아내어
정성껏 낚싯대 만들었지

나의 삶 낚싯대에 걸고
멀리 저 멀리 온 세상에
낚싯줄 던져 잡은 물고기

삶에 지쳐 허덕이는
그 누군가 찾아서
내가 얻은 보물 나눠 주고 싶네.

대한의 무궁화여!

영원한 조국의 꽃이여!
끈질기게 정성을 다하는 무궁화여!
세상의 무슨 꽃과도 비교할 수 없는
인내하며 소신껏 피워 올린 무궁화여!

고도로 발달된 이 시대에
세계에서 손꼽히는 학문의 나라
이 땅의 정서에 맞는 청춘들이여!
영원한 대한의 무궁화여!

시인의 시간

내 인생 뒤안길에 닥쳤던
나만의 엄청난 불행이지만
그러나 나는 이 지상에서
아무도 하지 못할 특별한 극복자

기네스북에 오르기 위하여
바닥에서부터 최선의 노력과
나만의 정신력으로 극복하며
항시 새롭게 출발하는 도전자

내세울 것 없는 자신이지만
시인이란 예술혼을 발휘하여
지성과 철학과 시심을 불태워
수많은 이들께 베푸는 공장장

핏빛 바랜 칠순 넘은 노인이
환희와 행복한 순간을 위하여
오늘도 팔뚝 걷고 일하면서도
즐겁게 시를 창작하는 시인의 정신.

= 나의 작은 서해천막공사 공장에서 =

가을바람

스산한 가을바람아
마음속 상처 입은 이에게
시원한 가을바람으로

모든 만물들이
살찌우는 고운 바람아
그렇게 변하여 주기를

또 이 노인이 애원하니
마지막 이 노인 위해
가을바람이 되어 주기를…….

인생길

야망과 절망
그리고 희망

좌절과 불행
도전 재도전 극복 행복

이 세상 누구인들
겪어 보지 않은 이
어디 몇 명이나 될까

인간 세상 그렇게
그렇게 사는 거겠지

약한 듯 중간쯤인 듯
아주 굴곡이 심한 듯

이것이 바로
인생 살아가는 운명이겠지.

창공 위에

온 심장이 숨 막힐 듯 죄어 오는
무섭도록 무거웠던 불덩어리

타는 듯 녹일 듯 불볕더위도
어느새인가 서서히 지나쳐 버리고
스산한 틈새 비집고 스며드는
서늘한 가을바람이 찾아들었네

잠시 가슴을 쓰다듬고 하늘을 보며
중얼거리는 나의 한마디

저 높은 창공 위에서
지하로 바라보며
그 얼마나 멋진 경치일까!

탄성 터지는
고운 노랫소리가
나의 귀전에 들릴 듯 말 듯
가냘프게 들려오는 듯…….

꽃길을 걸으며

시원하게 불어오는
가을 앞의 예쁜 꽃동산
코스모스 피어 있는 꽃길에

나의 눈동자를 사로잡는
웅장하리 만큼 위풍스러운
국화꽃을 바라보며

파란만장했던 내 인생
마지막 이 국화꽃처럼
바라보는 이들의 마음을
사로잡게 되리라.

제 4 부

시인의 길

대기만성(大器晩成)이라! 자랑할 수 있으며
그때의 약속 이제야 지켰다는 자부심에
이렇게 환하게 웃음 지을 수 있습니다.

시인의 길 (1)

앞마당 가 조그마한 화단 가에
예쁜 꽃들이 살살 봉오리 맺힐 무렵
우리 동네서 10리가 넘는 '판대굴' 지나
용화산 중턱에 자리 잡은 '통영중학교'

책보따리 등짐 만들고 학생 모자 쓴
초보 중학생 꼬맹이 단짝 친구는 3명
서로 손잡고 환하게 밝은 웃음 지면서
지각할까 봐 산 중턱까지 획획 달려 다녔지.

시인의 길 (2)

책보따리 풀자마자 담임선생님은
누구, 누구, 너, 너! 호명하고 고함치며
월세금 밀렸으니 당장 집에 돌아가
빨리빨리 가지고 와서 수업하라고!
우리들 단짝 친구 3명도 쫓겨 나왔지

그리하여 우리들은 집에 가지 않고
경치 좋다고 소문난 동양의 나폴리
우리 집 마당가 평상에 걸터앉아서
여객선 쳐다보며 주고받던 이야기 중

해주야! 너는 커서, 뭐를 할래?
–나는, 판검사(判檢事) 될 꺼다!
갑청아! 너는 커서, 뭐할 꺼고?
–나는, 의사(醫師) 될 꺼다!
그러면, 너는 뭐를, 할 건데?
–나는, 시인(詩人) 되겠다!고 말했었지.

시인의 길 (3)

그러한 꿈과 희망과 고향도 잃은 채
방황하면서 살아온 긴 세월 앞에
어릴 때 우리 집 마당에서 주고받던 말처럼
단짝 친구 한 명은 판검사(判檢事) 되고
또 한 명은 의사(醫師) 됐다는 소식 들었지만
지금까지도 이 못난 나는 이룬 게 없었지

꼬맹이 중학생 3명 중 1명인 나 자신은
굽이굽이 한 많은 인생길 헤쳐 나가다
이제야 시인(詩人)으로 입문하면서
그래! 나도 이제 자칭 군자(自稱君子)로서

대기만성(大器晩成)이라! 자랑할 수 있으며
그때의 약속 이제야 지켰다는 자부심에
이렇게 환하게 웃음 지을 수 있습니다.

제3집 출판기념

색소폰 연주 속의 황홀한 현장
그곳에서 무슨 일이 펼쳐지는지
찾아오는 사람들이 바라본 순간

휘둥그레 바라보는 축제장에
진지하게 희망의 꽃이 피는
화려한 예술의 전당 인생승리

파란만장 인생사 시를 지어
시집 내어 축복받는 그곳
정말 장하도다! 모두 다 함께

깜짝 놀란 수많은 인파들
열정적인 이 고목의 몸으로
외치는 목소리 님들은 아시는지.

외침 소리

성공이란 목표를 세워
힘들게 살았던 사실을 아시나요

한없이 많은 세상 살아왔는데
마지막 남은 생을 끝내기 전에

세계에서 축복받는 그런 나라
잘살게 해달라는 외침 소리

하늘에다 비는 마지막 소원
내가 간망하는 걸 알고 계시나요?

축복받는 대한의 나라

황금물결 살랑이는 풍년 들녘에
농부들의 양쪽 손에 태극 깃발
서로서로 휘날리는 그날이 오고

온 세계에서 주문장이 들어오는
모든 공장들 기계 소리 진동하며
상공인들도 태극 깃발 흔들며

한 손에 황금뭉치 한 손에 태극기
대기업들도 모여들며 흔들어 내는
기업하기 좋은 나라 만세 부르며

만백성이 축복받는 대한의 나라
희망의 빛 바라보는 그런 날들
아아! 이러한 대한민국이 되리라.

농부들의 함성 소리

시름을 잊고 기쁜 환호 속에
피땀 흘려 일하시던 농부님들

황금물결 노랗게 물드는
손과 손에 태극기 휘날리며
희망찬 농부들의 함성 소리

온 세계의 일감들이
공사장에서 물밀듯 밀려오고

상공인들 한 손에 황금뭉치
오른손에 태극 깃발 흔들며

대기업들 내 나라 모여들면서
만세 소리 부르고 웃음꽃 피며

국민들 모두가 화합되어
만백성 축복받는 그날이
그러한 대한민국이 오고 있구나!

그날이 오겠지

저의 제3집 시집이 출판되어
세상에 빛으로 비춰질 때쯤
미래의 조국 발전에 싹이 되어

한 통의 편지를 전 대통령님께
용기 내어 올렸던 상소 한 장이
명약처럼 세상에 전파된다면

온 국민이 가난에서 벗어나
힘껏 활기자게 일어나면서
두둥실 춤추는 그날이 오겠지.

멋진 인생

마지막 장식
아름다운 시를 지은
그 찬란한 빛이 되어

늦가을에 피어나는
예쁜 국화 향기가 되어

우리 모두 그 님처럼
인간 승리자가 되어 봤으면…….

하늘처럼 높은 곳에

위대한 대한민국이여
나의 남은 수액 모든 걸
찾아내다 부족한 게 있다면
어디든지 찾아가서 빌어 보고

하늘처럼 높은 곳에
큰절 올려 사정하고
호소하며 기도한다면
틀림없는 정답을 얻을 것이요.

알 것 같구나

아아!
이제 알 것 같구나

어이한 일도
동해바다 저곳에서

황금빛 되어
우리나라 황금뭉치

빠르게 변화되어
물결 타고 오는구나

태평양 건너서
미세먼지 사라지고

향긋한 꽃향으로
변할 것을 알 것 같구나.

예시

기적처럼 풍운의 길
틀림없이 찾아온다

나의 책 받아 보고서
저편에서 이편에서

천재탄생 환호 속
기적의 최대풍속

달려오는 초고속
비행하여 오면서

축복받는 이 나라
많은 분들이 찾아온다.

마귀할멈

기적을 선물하신 마귀할멈
당신이 아니 오셨으면

노래하고 시를 지며 큰일 위해
우리나라 만백성 잘사는 나라

축복의 땅으로 만들어 내리라
정말 엄두나 내겠는지 모르지만

마귀처럼 달려드는 우리 할멈
사사건건 트집 잡는 우리 할멈

나에게 특별한 재능을 선물한
마귀처럼 날카로운 우리 할멈

이제 그만 마귀처럼 하지 마시오!
이 나라를 위하여 큰일 하게끔.

제4차 산업시대

저의 제3집 시집 속에
전 세계에 축복받는

우리들의 조국
우리들의 대한민국

제4차 산업시대
성공 그 열쇠가
여기에 들어 있다는 걸…….

연싸움

해송지 언덕 위에 초가집 한 채
골목대장 재도 형님 솜씨야말로
연 잘 만드는 대장으로 소문났었지

재도 대장 지시대로
우리 삼총사 손발을 맞춰
연싸움하기 위해 사금파리 조각 줍고

유리조각 주워서 재도 대장한테 바쳐
시키는 대로 몽돌 짓이겨 꽁꽁 찧어
연싸움하면 우리 대장 재도 대장

보리 손바닥에 받쳐 연실에 백사 매겨
다른 동네 대장보다 잘도 이기던
우리 삼총사 대장한테 칭찬받아서
다른 동네 애들이 모두 부러워했었지.

옛날 그림책

까마득한 아주 옛날
동화 속에서 나온 듯한
옛날 그림책처럼

아주 옛 어린 시절이
동회책 속에서 읽은
꿈속에서 보이는 듯 생각이 난다

아주까리 심어 놓은 밭 도랑가에
해바라기 씨앗을 듬뿍 이고서
길다랗게 늘어선 오솔길 따라
오솔길 놀던 성재와 일랑이

초가집 울타리 수숫대로
포구 총 만들어서
남방산 올라가는 굽은 언덕 옆
꼬부랑 할매처럼 포구나무 서 있었지.

개구쟁이 삼총사

꼬부랑 포구나무 홍말 타고서
서로서로 올라가 포구 땄었지

포구 따다 모아 놓고 가위바위보
서로 이긴 그대로 갖다가

포구총 만들어서 포구총 싸움박질
어쩌다가 성재 눈에 맞춰버려서

눈알이 빨갛게 피멍이 들어
성재 엄마 화가 나서 달려오는 걸

도망치다가 밭에다 거름 주려
파 놓은 오물통에 빠져 버렸지

도망쳐서 집에 가서 숨어 있다가
누나에게 잡혀서 홀랑 벗겨

찬물에다 푹 집어넣어 씻기던
또다시 가 보고 싶고 해 보고 싶네

아아! 그리운 나의 고향 그 시절
물레방아 돌듯이 돌고 돌아서
되돌리고 싶지만 돌릴 수가 없네.

삼총사 (1)

남방산 올라가면 벚나무 열매
이순신 장군 동상 서 있는 곳
새까맣게 잘도 익어 열매 열었지

우리들은 몰래 나무 타고 올라가면
산지기 아저씨 온다는 고함 소리
일랑이 거짓말에 급하게 내려왔는데

성재는 다리가 나뭇가지에 걸려
살이 찢어지고 피 흘리며 울부짖던
어린 그 시절 옛 동무들이
모두들 저세상 가버렸으니
영영 만날 수 없는 그 추억이 그립구나.

삼총사 (2)

언덕 밑에 쪼끄마한
우리 동네 구멍가게
할머니 장사하는데

눈깔사탕 한 알씩 훔쳐서
입속에다 서로 넣고서
삼총사 기뻐 날뛰며
서로 뒹굴면서 잘했다고

낄 낄 낄 낄
웃음꽃 피울 때쯤
할머니한테 잡혀
매 맞던 그때 그 시절이

한 번 더 있었으면
그 시절 그리움
한없이 아쉬워지네.

삼총사 (3)

우리 삼총사 태어난 곳
동네 이름 해송지

집 앞에서 밭도랑 조금 지나면
눈앞에 확 트인 바로 바닷가

바다 위에 띄워 놓은 바로 공기섬
그곳까지 헤엄쳐서 수영 달리기

초등생 되기 전 6.25 사변 전
초등 1학년 때부터 어린 삼총사

공기섬까지 매일 달리기 했었던
그 시절 그때가 그리워지는데

이제는 그때가 옛날이야기
두 친구 영원으로 떠나 버렸네.

* 해송지 : 현재 동호동

삼총사 (4)

이제는 나 홀로 나의 천막집에
세계에서 제일가는 직업을 잡고
기네스북에 실리려는 야망부터

25년은 서해천막공사 버텨왔지만
글을 읽고 쓰며 생각하다 보면
100세 되어 긴긴 여행 떠나가겠지.

하느님 법칙

온 우주의 만물과 세상을
창조하신 하느님 법칙은
너무 신비롭고 아름다운
온 천지 만물을 만들어 내신 걸

아주 깊숙이 오래 생각해 보니
너무나 완벽한 0.1%의 오차도 없고
최첨단 컴퓨터 기계와 비교해 보면
온 인류 최첨단 과학 기술보다도 더

초고의 작품 IT기술이 대단하다 해도
억만 분의 일 만큼도 못 된다는 걸
오랜 인생을 살고 시를 지어 보면서
조금씩 점차적으로 깨닫게 되네.

제 5 부

기도 소리

대한의 조국 희망의 폭죽이 되어
환히 뻔쩍이는 하늘의 별빛 되어
최고 경지에 수놓을 것을 믿습니다

불행의 씨앗

나의 천막사업 시작 동기
그 자체는 나의 인생에서
가장 비극적이고 부정적으로
우리 집안 최고 못난이로 손꼽히며

저에겐 원망의 대상
우리 집안 최고의 못난 자
우리 할아버지 자식 중 막내아들
저의 집안의 망신거리의 막냇삼촌
키가 최고 작아 별명은 못생긴 돌콩

내 인생 진도는 아버지를 비롯해
묵호에서 연탄 하차하는 현장에서
석탄가루가 우리 가족뿐만 아니라
묵호에 사는 모든 분들 피부색부터
실패작의 첫발 디딘 개척의 그곳.

나의 일

어머니는 나에겐
의붓어머니

어머니는 채소류
노점에 받아 팔고

셋째 누나 명태잡이
낚싯줄 끼우는 일

나의 일은
국화빵 구워서 파는 일

통금 시간 되도록
이러한 생활들의 연속.

지구 열 바퀴 정도

지금까지 기술자로 일하면서
내가 소비한 실의 길이를 계산해 보니

지구 열 바퀴 감을 정도의 실을 소비하며
'자칭 달인' 이라는 시에서 발표를 했듯

아버지와 삼촌을 직접 보고 일했었던
기막힌 사항들이 가슴속에 남아 있네.

특종봉제기

고속으로 달리는 특종봉제기
재빠른 손놀림에 잘도 맞추어
일하는 족족 계속 돌아가는데

이 사연에는 사랑도 있었고
이별도 함께했던 시련이 증표지만
나는 지금도 시상을 틀에 맞춰
나의 분신 특종기계와 함께한다네.

* 특종봉제기 : 천막 꿰매는 미싱기계

꽃 한 그루

화려한 호화 주택 정원에
저희들만이 최고인 양
울긋불긋 맘껏 피우지만
화들짝 피고 나면 결국
시들어 가면서 떨어지지요

그런데 어느 판잣집 가에
모양새도 없는 돌 틈 사이
파란 새싹 하나 돋아나면서
소박한 자태를 드러내더니
예쁜 꽃송이가 피어났지요

시간이 지나면서 더더욱
주변에 꽃향기 풍겨 내는데
오 오 오! 더욱 신기한 것은
내 영혼도 빼앗아 갈 듯한
고고하고 당당한 모습이지요

세상 어디에도 볼 수 없는
단 한 그루의 이름 없는 꽃

그 끈질긴 생명력과 아름다움
어느 호화 주택에 핀 꽃들에게
어찌 비교나 되겠는지요.

찬란한 바다 (1)

서쪽바다 저 멀리
노을빛 붉은 태양
서서히 꼬리 감추듯

남해바다 끝자락
찬란한 조국의 바다로
먼 여행 떠날 때가 오겠지.

찬란한 바다 (2)

사납게도 밀려왔던 외적의 바다
서서히 몰려오던 한산섬 바다
이 한 몸 탄생시킨 귀중한 바다

용틀임하는 듯한 동해 바닷가
한 청년 꿈꾸었던 푸른 바닷가
희망의 노래 부르던 그 바닷가.

찬란한 바다 (3)

이리저리 동서남북 휘돌다가
마지막 멈춰 선 서해 바닷가
유명한 머드축제 되고 있는
이 유명한 항구 대천항에서

다시 한번 희망찬 횃불 되어
즐거움에 힘껏 일하고 기도하며
행복한 나라 위한 글을 짓는
한 알의 밀알이 되겠습니다.

해와 달님

낮에 뜨는 해님은
온 천지를 거두며
약속이나 한 듯
서서히 사라지니

어느새 살며시
동산에 뜬 달님이
내 마음 사로잡고
내 마음 흔드는데

다시 뜨고 지는
해와 달님
서로 오고 가며
또 내일을 약속하겠지.

그리운 유년 시절 (1)

아득한 아주 먼 추억
아름답고 부끄럽게만 여겼던
어둡게만 생각되던 그 시절

암울했던 추억이 새롭게
아름다운 유년의 시절로
되돌려서 가고 싶어진다.

그리운 유년 시절 (2)

다정했던 나의 옛 친구들이여
만우야, 영복아, 창호야, 누구야
나의 사랑했던 친구들이여

지금이야 동해시 묵호항
기억 속의 60년 전 나의 추억에
아버지 고향에서 사업 실패 후

강원도 명주군 묵호읍 암묵호
산지골 떠밀려 난파선 선장실
한 골짝에 얹어 놓은 유년의 볏짚

그 눈물겹게 가난했던 우리 집
그 산지골 볏짚이 너무 자랑스럽고
훌륭한 나의 아지트 홈이었지.

여명의 태양 (1)

나의 육십 년 전 그때 그 시절이
환하게 밝은 여명의 빛으로 변하여
산울림 울려 야호 야호 울려 퍼지듯

온몸 속 나의 육신 전체가
아름다운 세상으로 메아리치며

최신형 환한 TV로 비춰질 때
그 시절이 나에겐 가장 행복했음을
비로소 깨닫게 되는 이 노인의 모습.

여명의 태양 (2)

현재 내 모습도 또 다른 세계
이제 100세 시대의 인생 설계를
이제야 찾아낸 것도 자랑인데

이 행복한 어느 노인 일생에
'여명의 태양' 이 또 밝아 오니
그 새로운 날이 더 행복하겠지.

세월에 장사가 없다

피는 꽃은 향기가 있고
지는 꽃은 색상도 어수선하며

뜨는 해는 희망과 꿈이 있듯
지는 해는 서서히 빛을 잃듯

인생도 젊었을 때에는
힘과 용기가 넘치지만

세월에 만능의 기운이 소멸되며
세월에 장사가 없다는 걸 알게 되네.

하얀 눈송이

깊은 산속 절벽 위에
하이얀 눈송이 꽃피우며
유유히 자랑스럽게
꿋꿋이 서 있는 고고한 노송

노송 너는 무엇 위해
그토록 수백 년 동안
긴 세월에 잘 버티면서
무엇을 위해 기원하는가?

이 노인은 너처럼
수백 년은 못 버티지만
대한민국이 잘사는 걸
기도하며 빌어 보리라.

희망찬 내일

이 세상 군중들의 삶들이
모두가 힘겹고 어려울 때
미래의 봄기운을 기다리며
우리 모두 다 함께 힘을 합쳤지

평안한 봄날에 꽃이 피듯
난세의 영웅들이 탄생하듯
희망찬 내일을 기약해 주는
훌륭한 세상이 펼쳐지겠지.

귀한 홀씨

사랑하는 나의 홀씨가
못다 피운 꽃이 되었는데
파란 하늘 회오리바람으로
귀한 홀씨 하나 사라져 버렸지

화려하게 꽃 피우려던
그 꿈은 잃어버리고
어디론가 홀연히 사라져 버렸지

못다 피워 낸 홀씨 하나
그 텅 빈 자리 채우기 위해
일편단심으로 그 꽃 활짝 피는
그날이 올 때까지 나의 신념이
세상에 펼쳐지는 그날이 오겠지.

신앙심에 매달려

온 세상 살아가는 님들이여!
신앙심에 매달리는 님들이여!
애증의 꽃길을 가는 님들이여!

실패의 원인을 타인에게 돌리는 이도 있고
성공의 비결을 타인에게 전하는 이도 있고
세상 사람들의 축복을 빌고 비는 이도 있듯

삶을 영위하는 세상 인파를 위하여
꽃향기가 풍겨 오는 봄을 기다리며
행운이 찾아오기를 신앙심에 매달리네.

새벽 기도 (1)

하나님이시여!

대한의 조국 희망의 폭죽이 되어
환히 빤짝이는 하늘의 별빛 되어
최고 경지에 수놓을 것을 믿습니다

축복받는 훌륭한 세계 최대의
잘 살아가는 미래를 희망하면서
그리 될 것이라는 걸 믿습니다

오직 나의 축복된 나라를 위하여
큰 희망찬 미래가 이뤄질 것을
정확히 맞춰 나갈 걸 믿습니다.

하나님께

위대하신 하나님
지금은 한국의 미래
고용 창출과 경제소득
대한민국을 열어 주소서!

거룩한 하나님께서
그 해법을 찾아서
국민 전체를 향해
나의 조국을 열어 주소서!

하나님께옵서는
한 핏줄 단군 자손들이
모두 잘살게 하는
목적 달성을 열어 주소서!

하나님을 향하여
하나 더 말씀드린다면
이 촌로의 마지막 소원은
나의 조국이 잘사는 일입니다.

제 6 부

위대한 인공위성

칠순 넘은 노인이 시인이 되어
별들이 살고 있는 하늘 향하여
경건한 마음으로 기도드립니다.

위대한 인공위성

가깝고도 먼 우주나라에
태극마크 크게 달고 있는
위대한 대한의 인공위성

모든 백성 편안히 잘살게끔
어둡고도 그늘진 곳
자상하게 살피시는 대통령님

칠순 넘은 노인이 시인이 되어
별들이 살고 있는 하늘 향하여
경건한 마음으로 기도드립니다.

＊인공위성 : 박근혜 대통령

대한민국 박근혜 대통령님께 올리는 상서

제1시집 〈행복한 어느 노인〉 저자
정 학 산 올림

존경하시고 위대하신 대통령님,

대통령께옵서 감히 보잘것없는 이 노인에게 연하장을 보내주신 데 대하여, 너무나 감격스럽고 황공스러워 제 인생 최대의 영광으로 뜨거운 눈시울을 적셔가면서, 재삼 황공스럽고 고마운 저의 마음을 대통령님께 올리오니, 용서하시고 또 용서하여 주시옵소서.

이 노인의 소원의 첫째가 시인 되는 길이었는데, 저의 처녀시집 〈행복한 어느 노인〉을 출간하면서 저의 큰 소원을 이루었던 것입니다.

그리고 저의 두 번째 소원을 말씀드린다면 제가 꼭 달성할 수 있는 목표를 설정하여 감히 제가 대통령님께 호소하는 바입니다.

존경하시고 위대하신 대통령님!

제가 꼭 성공해 내실 것을 확신하고 있지만, 국정

일에 바쁘신 대통령님의 금쪽같은 시간을 하찮은 저로 인하여 소비시키는 것이 아닌가? 하고 머리를 조아리면서 용서를 구하는 바입니다.

본론 NO1

저의 서해천막공사에서 발명특허를 받은 특허 제 10-0801499호 출원, 특허 제 2006-0086310호, 등록일 2008년 1월 30일 발명의 명칭 "처짐방지구조"를 갖는 차광막 및 제조 방법 특허를 받았습니다.

세계가 지금 온난화 현상과 맞물려 대량 생산하여 본인이 꿈꿀 수조차 없을 정도로 다용도의 가능성을 경험하고 있으면서도 저의 사업장은 영세하고 운이 따라 주지 않았습니다.

저는 제 아들과 함께 세계 속을 향하여 큰 야망을 품고 몇 년 동안 달려가면서 열심히 일할 수 있는 터전을 만들어 가면서 전 세계 시장 속으로 파고들기 시작했습니다. 그리 노력했기에 저는 평생소원이던 〈행복한 어느 노인〉이란 시집을 발간했을 때 그 기쁨을 감출 수가 없었습니다.

감히 보잘것없는 이 노인이 큰 영감을 받아 과감한 용기로 대통령님께 제 시집과 시를 1편 올렸는데 설마! 대통령님께 보낸 저의 작품을 보셨던지 기적이 일어나면서 청와대 비서실에서 연락을 받고 나서 감격, 탄성, 환호 속에 "기적을 이루어 내었구나!" 하는 황홀 속에서 너무나 행복하고 기뻤던 나날들이 지나칠 즈음-

그러니까 2015년 7월 20일 대통령님께 작품을 보낸 후 2015년 7월 22일 오후 3시경에 핸드폰 벨소리에서 청와대 비서실이라는 축하의 전달을 받으면서

"아아! 이게 사실인가?"

그러나 이것은 꿈 아닌 현실이었습니다.

대통령님,

너무나 고맙고도 또 고마웠습니다. 그 후 하얀 구름 속에 백마 타고 떠나는 꿈같은 현실 속에 한 달이 채 지나가기도 전인 2015년 8월 16일 하늘이 무너지고 땅이 꺼지는 그 순간을 부딪치게 되었습니다.

저의 아들이 작업을 하던 중 뜨거운 날씨에 순간적으로 심장이 마비되어 저 하늘나라로 떠났다는 비보를 듣는 현실에서 서는 "시옥과 천국"을 오가는 세3의 인생이었습니다.

존경하시는 대통령님 황공하옵니다만 마지막 저의 소원이 남아 있다면 제4의 인생인 대한민국의 경제 대

국입니다.

서쪽바다 저 멀리 노을빛 되어 조용히 서서히 꼬리 내리며 한 세상 붉게 타오르는 태양의 마지막 사라지는 모습이 되어 멀리 먼 여행길 떠나갈까 합니다.

본론 NO 2

존경하시는 대한민국 대통령님,

현재의 저의 특허상품도 세계시장 속에서 경쟁력이 풍부한 제품이라고 생각되오며 고용 창출 몇만 명이 될 수 있다는 저의 독특한 경험상 확신되지만 아들도 떠난 지금 본인은 늙어 있는데 지금 누가 인정을 하겠습니까?

대통령님!

어떻게 하면 저의 뜻을 이룰 수 있겠습니까? 하고 간곡히 호소하는 바입니다.

본론 NO 3

현재의 저의 제품 가지고도 세계 속 시장에서 대량 판매될 수 있는 특수한 상품이라는 건 말할 나위도 없을뿐더러 고차원적인 면에서 〈그늘막〉이라는 상품을 대한민국 최고의 공학자와 기술진이 융합하여 IT

산업으로 육성하신다면 틀림없는 세계 최고의 경제 대국으로 뻗어갈 수 있다는 특별한 아이디어가 저에게 있습니다.

존경하시는 위대한 대통령님,

저의 아이디어 기술을 의논하실 수 있는 인사를 저와 면담할 수 있는 기회를 열어 주시길 바라오며 "300송이 꽃으로 피어난 문학" 그리고, (사)한내문학 계간지 제31호에 수록된 정학산 저의 시 몇 편 속에는 모든 뜻이 내재되어 있습니다.

위대하신 대한민국 대통령님, 죄송스럽고 황공하옵니다. 또 한 편의 시를 지어 봅니다.

고령화 사회
성년도 여세출이라
100세 시대
이 시대에 발맞추어
살게 된 것도
크나큰 행운이 아닐까?
그래 마지막 도전 재도전
나의 조국 대한민국을 위하여
한평생 터득한 노하우를 살려
위대한 박근혜 대통령님께 상소 올려서
경제 대국으로 이끌어 내시게
한 알의 밀알이 되려 합니다.

대통령님, 이 노인의 마지막 대망 이루어질 수 있게 대통령님께옵서 제 사업에 맞는 인사를 저의 사업장에 보내주셔서 저의 아이디어와 저의 공장에 있는 모든 시항들을 판단하시어 대통령님께 보고드릴 수 있는 기회를 꼭 만들어 주실 것을 간곡히 당부드리는 바입니다.

위대한 대한민국 박근혜 대통령님,
현재 본인이 상소 올리는 모든 사항에 대하여 0.1%의 가식이 섞여 있다면 형장의 이슬로 사라질 수 있겠다는 큰 각오로 말씀드립니다.

대한민국 대통령님,
저의 확실한 경험과 고도로 발달된 시대에 절대 절명하게 정확히 맞추어 힘 있게 뻗쳐 나갈 것을 알고 있으며 대통령님이 국정방향 세우신 대로 "100%" 이루어 내실 것을 하늘을 향하여 기도 올리겠습니다.

2015년 12월 25일

정 학 산 올림

위대한 여왕별

오직 온 나라 백성을 위하여
자신을 희생하신 외길인생

온 세계에 널리 축복받는
대한민국을 만들기 위하여

혼신 다 바친 위대한 여왕별
외롭고 지친 몸 달랠 길 없어

역사는 물레방아처럼 돌다가
언젠가 우뚝 멈춰 서는 그날

분명 서광이 비춰지면서
여왕별의 위대함을 알아주겠지.

* 여왕별 : 박근혜 대통령

■ 박근혜 대통령이 정학산 시인에게 보내온 글

대한민국 대통령

박근혜

2016년 원숭이해, 희망의 새해가 밝아오고 있습니다.

지난 한 해 국내외 많은 어려움이 있었지만
국민 여러분이 보내주신 신뢰와 믿음으로
국가혁신과 경제 재도약의 발판을 마련할 수 있었습니다.

새해에는 국민들의 삶이 보다 편안하고 넉넉해질 수 있도록
더욱 노력하겠습니다.
새해 복 많이 받으시고,
큰 결실을 거두시는 한 해가 되기를 기원합니다.

대한민국대통령 박 근 혜
서울특별시 종로구 청와대로 1
03048

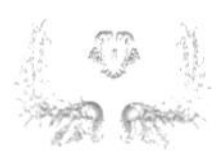

충청남도 보령시 대천항2길 45, 서해종합천막사 (신흑동)
정 학 산 님
3 3 4 9 0

■ 청와대에서 정학산 시인에게 보내온 글

민원인 정학산 귀하

안녕하십니까?

대통령님께 보내주신 물품은 규정상 반송하오니,
이 점 널리 양해하여 주시기 바랍니다.
접수하신 민원은 추후 처리결과를 알려드리겠습니다.

정학산 님의 소중한 뜻을 깊이 새겨
국민이 행복한 나라, 희망의 새 시대를 만드는데
더욱 열심히 노력하겠습니다.
앞으로도 변함없는 관심과 성원을 부탁드립니다.

가정에 건강과 행복이 함께 하시기를 기원합니다.
감사합니다.

대 통 령 비 서 실

정학산 제3시집

여명의 태양

초판 인쇄 2019 년 2 월 20 일
초판 발행 2019 년 2 월 26 일

지은이 | 정학산
펴낸이 | 김효열
편 집 | 이미정
마케팅 | 김효숙 · 김영미 · 박미옥

펴낸곳 | **을지출판공사**

등록번호 | 1985 년 2 월 14 일 제 2-741 호
주 소 | 서울시 마포구 양화진길41, 603호
우편번호 | 04083
대표전화 | 02) 334-4050
팩시밀리 | 02) 334-4010
전자우편 | ejp4050@hanmail.net

값 12,000원

ISBN 978-89-7566-177-8 03810

* 지은이와 협의하여 인지는 생략합니다.
* 잘못 만들어진 책은 구입하신 서점에서 교환해 드립니다.